CADMUS
ET
HERMIONE,
TRAGEDIE
REPRÉSENTÉE POUR LA PREMIERE FOIS
PAR L'ACADEMIE ROYALE
DE MUSIQUE,
En 1673.
Et Remise au Théatre le 28. Aoust 1711.

A PARIS,
Chez CHRISTOPHE BALLARD, seul Imprimeur du Roy
pour la Musique, ruë S. Jean de Beauvais, au Mont-Parnasse.

M. DCC XI.
Avec Privilege de Sa Majesté.
LE PRIX EST DE TRENTE SOLS.

L'ACADEMIE ROYALE DE MUSIQUE, AU ROY.

GRAND ROY, dont la valeur étonne l'Univers,
J'ay préparé pour vous, mes plus charmants Concerts;
Mais, je viens vainement vous en offrir les charmes,
Vous ne tournez les yeux que du côté des Armes,
Vous suivez une voix plus aimable pour vous,
Que les foibles appas de mes Chants les plus doux;
Vous courez où la Gloire aujourd'huy vous apelle,
Et dès qu'elle a parlé, vous n'écoutez plus qu'elle.
Vous destinez icy mes chansons & mes jeux,
Aux divertissements de vos Peuples heureux;
Et lorsque vous allez jusqu'au bout de la terre,
Combler vos Ennemis des malheurs de la guerre,
Vous laissez, en cherchant la peine & les combats,
Les plaisirs de la Paix au cœur de vos Etats.

Mais, croyez-vous, GRAND ROY, que la France inquiete
Puisse trouver sans vous, quelque douceur parfaite,
Et que rien de charmant attire ses regards,
Quand son bonheur s'expose aux plus affreux hazards?
Non, l'on ne craint que trop vôtre ardeur heroique,
Jusques à vos Sujets, l'effroy s'en communique,
Ceux que vous attaquez, ont moins à se troubler,
Nous avons plus à perdre, & devons plus trembler.
L'Empire où vous regnez, sans chercher à s'accroître,
Trouve assez de grandeur à vous avoir pour Maître,
Vôtre Regne suffit à sa felicité,
Souffrez qu'il en jouïsse avec tranquilité.
Soyez content de voir au seul bruit de vos armes
Tant d'Etats agitez de mortelles allarmes,
Vos plus fiers Ennemis abbatus pour jamais,
Et l'Univers tremblant, vous demander la Paix.
Qu'un Peuple dont l'orgüeil attira la tempête,
Par son abaissement, l'écarte de sa tête,
Et quand il n'est plus rien qui puisse resister,
Que la foudre en vos mains, dédaigne d'éclater.
D'un regard adoucy, calmez la terre & l'onde,
Ne vous contentez pas d'être l'effroy du monde,
Et songez que le Ciel vous donne à nos desirs,
Pour être des Humains, l'amour & les plaisirs.

ACTEURS DU PROLOGUE.

PALES, } Divinitez Champestres { Madame Pestel.
MELISSE, } { Mademoiselle Poussin.
TROUPE de Nymphes, & de Pasteurs chantants.
LE DIEU PAN.   Monsieur Dun.
ARCAS, Compagnon de Pan.   Monsieur Lebel.
SUIVANTS DE PAN, qui joüent de la Flute.
L'ENVIE.   Monsieur Cochereau.
LE SOLEIL.   Monsieur Mantienne.

Noms des Actrices & des Acteurs, chantants dans les Chœurs du Prologue, & de la Tragedie.

SECOND RANG.   PREMIER RANG.

MESDEMOISELLES

Linbour.	Du Laurier.	Ducemetiere.	Boisé.
Loignon.	Tetlet.	Guillet.	Billon.
Dulaurent.		d'Hucqueville.	

MESSIEURS

Juliard.	Alexandre.	Dun-Fils.	Flamand.
Le Jeune.	Morand.	Paris.	Corbin.
Lebel.	Devillier.	Thomas.	Renard le jeu.
Deshayes.	Duplessis.	Corby.	La Vigne.
Cador.	Verny.	Courteil.	Desouche.
Renard.			

DIVERTISSEMENT
du Prologue.

FAUNES.

Messieurs, Blondy, Marcel, F-Dumoulin, P-Dumoulin, Javilier & Gaudrau.

VENTS SOUTERAINS.

Messieurs Favier, & Dumirail.

VENTS DE L'AIR.

Messieurs, Dangeville, Pieret, Ramau, & Duval.

BERGERS.

Messieurs Germain, Dumoulin-L., F-Dumoulin, & P-Dumoulin.

BERGERES.

Mesdemoiselles Menés, Maugis, Mangot, & Harang.

PROLOGUE.
LE SERPENT PYTHON.

LE Sujet de ce Prologue est pris du premier Livre & de la huitiéme Fable des Metamorphoses, où Ovide décrit la naissance & la mort du monstrueux SERPENT PYTHON, que le Soleil fit naître par sa chaleur, du limon bourbeux qui étoit resté sur la terre, aprés le Déluge. Ce Serpent devint si terrible, qu'Apollon luy-même fût obligé de le détruire.

Le sens alleguorique de ce sujet est si clair, qu'il est inutile de l'expliquer. Il suffit de dire que LE ROY s'est mis au dessus des loüanges ordinaires, & que pour former quelque idée de la grandeur & de l'éclat de sa gloire, il a fallû s'élever jusques à la Divinité même de la lumiere, qui est le corps de sa Devise.

Le Théatre s'ouvre, & represente une Campagne où l'on découvre des Hameaux des deux côtez, & un Marais dans le fond; Le Ciel fait voir une Aurore éclatante, qui est suivie du lever du Soleil, dont le globe brillant s'éleve sur l'horison, dans le temps que les instruments achevent de joüer l'Ouverture.

PROLOGUE.

PALES, Déesse des Pasteurs, & MELISSE, Divinité des Forests & des Montagnes, sortent des deux côtez du Théatre, & appellent les Troupes Champêtres qui ont coûtume de les suivre.

PALES, MELISSE,
TROUPES DE NYMPHES, ET DE PASTEURS.

PALES.
Hastez-vous, Pasteurs, accourez.
MELISSE.
La voix des Oiseaux nous appelle.
PALES.
Nos Champs sont éclairez.
MELISSE.
Nos Coteaux sont dorez.
PALES.
Tout brille de l'éclat de la clarté nouvelle.
MELISSE.
Mille fleurs naissent dans nos Prez.
ENSEMBLE.
Que l'Astre qui nous luit rend la Nature belle!
Ne perdons pas un seul moment
D'un jour si doux & si charmant.
LE CHOEUR.
Ne perdons pas un seul moment
D'un jour si doux & si charmant.

Admirons, admirons l'Astre qui nous éclaire,
Chantons la gloire de son cours.
Que tout le monde revere
Le Dieu qui fait nos beaux jours.

PAN.

PROLOGUE.

PAN Dieu de Bergers paroît accompagné de Joüeurs d'Instruments Champêtres, & de Danseurs Rustiques, qui viennent prendre part à la réjoüissance des NYMPHES, & des PASTEURS, & tous ensemble commencent à former une maniere de Fête à l'honneur du Dieu qui donne le jour.

PAN.

Que chacun se ressente
De la douceur charmante,
Que le Soleil répand sur ces heureux Climats;
Il n'est rien qui n'enchante
Dans ces lieux pleins d'appas,
Tout y rit, tout y chante,
Eh pourquoy ne rirons-nous pas?

Les Danseurs Rustiques qui ont suivi le Dieu PAN, commencent une Fête qui est interrompuë par des bruits soûterrains, & par une espece de nuit qui obscurcit tout-à-coup le Théatre : ce qui oblige l'Assemblée Champêtre à fuir, en poussant des cris de frayeur, qui font une maniere de concert affreux avec les bruits soûterrains.

CHOEURS.

Quel desordre soudain! quel bruit affreux redouble!
Quel épouvantable fracas!
Quels gouffres s'ouvrent sous nos pas!
Le Jour pâlit, le Ciel se trouble;
La Terre va vomir tout l'Enfer en couroux:
Fuyons, fuyons, sauvons-nous, sauvons-nous.

PROLOGUE.

Dans cette obscurité soudaine, l'ENVIE sort de son Antre qui s'ouvre au milieu du Théatre : Elle évoque le Monstrueux SERPENT PYTHON, qui paroît dans son Marais bourbeux, jettant des feux par la gueule & par les yeux, qui forment la seule lumiere qui éclaire le Théatre : Elle appelle les VENTS les plus impetueux pour seconder sa fureur : Elle en fait sortir quatre de ceux qui sont enfermez dans les cavernes soûterraines, & elle en fait descendre quatre autres de ceux qui forment les orages. Tous ces VENTS, aprés avoir volez, & s'être croisez dans l'air, viennent se ranger au tour d'elle, pour l'aider à troubler les beaux jours que le SOLEIL donne au monde.

L'ENVIE.

C'est trop voir le Soleil briller dans sa carriere,
 Les rayons qu'il lance en tous lieux,
  Ont trop blessé mes yeux.
Venez, noirs Ennemis de sa vive lumiere,
 Joignons nos transports furieux ;
  Que chacun me seconde,
 Paroissez, Monstres affreux :
Sortez, Vents soûterrains, des antres les plus creux,
Volez, Tirans des airs, troublez la terre & l'onde,
  Répandons la terreur,
 Qu'avec nous le Ciel gronde ;
 Que l'Enfer nous réponde :
Remplissons la Terre d'horreur.

PROLOGUE.

Que la Nature se confonde ;
Jettons dans tous les cœurs du monde
  La jalouse fureur,
  Qui déchire mon cœur.

L'ENVIE distribuë des Serpents aux VENTS qui forment autour d'elle des manieres de tourbillons.

L'ENVIE.

Et vous, Monstre, armez-vous pour nuire
A cet Astre puissant qui vous a sçû produire :
Il répand trop de biens, il reçoit trop de vœux,
  Agitez vos marais bourbeux :
Excitez contre luy mille vapeurs mortelles ;
  Déployez, étendez vos aîles :
  Que tous les vents impetueux
  S'efforcent d'éteindre ses feux.

Les VENTS forment de nouveaux tourbillons, tandis que le SERPENT PYTHON s'éleve en l'air.

L'ENVIE.

Osons tous obscurcir ses clartez les plus belles,
Osons nous opposer à son cours trop heureux :
  Quels traits ont crevé le nuage !
Quel torrent enflamé s'ouvre un brillant passage ?
Tu triomphes, Soleil, tout cede à ton pouvoir,
  Que d'honneurs tu vas recevoir !
  Ah quelle rage ! ah quelle rage !
  Quel desespoir ! quel desespoir !

B ij

PROLOGUE.

Des traits enflamez percent l'épaisseur des nuages, & fondent sur le SERPENT PYTHON, qui aprés s'être débatu quelque temps en l'air, tombe enfin tout embrasé dans son marais bourbeux ; une pluye de feu se répand sur toute la Scene, & contraint l'ENVIE de s'abîmer avec les quatre VENTS soûterrains, tandis que les VENTS de l'air s'envolent. Dans le même-instant les nuages se dissipent, & le Théatre devient entierement éclairé.

L'Assemblée Champêtre que la frayeur avoit chassée, revient pour célébrer la victoire du SOLEIL, & pour luy préparer des trophées & des sacrifices.

PALE'S.
Chassons la crainte qui nous presse.

MELISSE.
Rien ne doit plus nous faire peur.

PAN.
Le Monstre est mort, l'orage cesse,
Le Soleil est vainqueur.

LE CHOEUR.
Le Monstre est mort, l'orage cesse,
Le Soleil est vainqueur.

PALE'S.
Qu'on luy prépare
De superbes Autels.

MELISSE.
Que l'on les pare
D'ornements immortels.

PROLOGUE.
LE CHOEUR.

Conservons la memoire
    De sa victoire.
Par mille honneurs divers,
Répandons le bruit de sa gloire
Jusqu'au bout de l'Univers.

PALES.

Mais le Soleil s'avance,
Il se découvre aux yeux de tous.

LE CHOEUR.

Respectons sa présence;
Par un profond silence,
Ecoûtons, taisons-nous.

LE SOLEIL sur son Char.

Ce n'est point par l'éclat d'un pompeux Sacrifice,
Que je me plais à voir mes soins recompensez;
Pour le prix de mes travaux ce me doit être assez
    Que chacun en joüisse.
    Je fais les plus doux de mes vœux
    De rendre tout le monde heureux.

Dans ces lieux fortunez les Muses vont descendre,
    Les Jeux galants suivront leurs pas;
    J'inspire les chants pleins d'appas
    Que vous allez entendre:
Tandis que je suivray mon cours,
    Profitez des beaux jours.

PROLOGUE.

Le SOLEIL s'éleve dans les Cieux, & toute l'Assemblée Champêtre forme des Jeux, où les Chansons sont mêlées avec les Danses

LE CHOEUR.

Profitons des beaux jours.

PALE'S.

Suivons tous la même envie.

LE CHOEUR.

Profitons des beaux jours.

MELISSE.

Aimons, tout nous y convie.

LE CHOEUR.

Profitons des beaux jours.

PALE'S & MELISSE.

Les plus beaux jours de la vie
Sont perdus sans les Amours.

LE CHOEUR.

Profitons des beaux jours.

Danse de BERGERS & de BERGERES.

PROLOGUE.
PALES, MELISSE & PAN.

Heureux qui peut plaire!
Heureux les Amants!
Leurs jours sont charmants;
L'Amour sçait leur faire
Mille doux moments.

Que sert la jeunesse
Au cœur sans tendresse?
Qui n'a point d'amour,
N'a pas un beau jour.

En vain l'Hyver passe,
En vain dans les Champs
Tout charme nos sens,
Une ame de glace
N'a point de Printemps.

Il faut se défaire
D'un cœur trop severe;
Qui n'a point d'amour,
N'a pas un beau jour.

Un DIEU Champêtre chante. Tous les Instruments
& toutes les voix luy répondent, tandis
que l'Assemblée Champêtre danse

PROLOGUE.

UN DIEU CHAMPESTRE.

Peut-on mieux faire
Quand on sçait plaire,
Peut-on mieux faire
Que d'aimer bien ?

Quelque embaras que l'Amour fasse
C'est toûjours un charmant lien ;
Trop de repos bien souvent embarasse,
Que fait-on d'un cœur qui n'aime rien ?

L'Amour contente,
Sa peine enchante,
L'Amour contente,
Tout en est bon.

Dans les beaux jours de nôtre vie
Les plaisirs sont dans leur saison ,
Et quelque peu d'amoureuse folie
Vaut souvent mieux que trop de raison.

FIN DU PROLOGUE.

ACTEURS.

ACTEURS
DE LA TRAGEDIE.

CADMUS, *Fils d'*AGENOR, *Roy de Tir, & Frere d'*EUROPE, Monsieur Thevenard.

Deux PRINCES TIRIENS, Messieurs Buseau, & Cochereau

ARBAS, *Afriquain de la suite de* CADMUS, Monsieur Dun.

*Deux autres Afriquains, Compagnons d'*ARBAS. Mrs Lavigne, & Corbi.

HERMIONE, *Fille de* MARS *& de* VENUS, Mademoiselle Journet.

CHARITE, *Grace, Compagne d'*HERMIONE, Mademoiselle Poussin.

AGLANTE, *autre Compagne d'*HERMIONE. Mademoiselle Dun.

LA NOURRICE *d'*HERMIONE, Monsieur Chopelet.

DRACO, *Geant, Roy d'Aonie,* Monsieur Hardouin.

Quatre GEANTS, *Suivants de* DRACO.

PAGES *de* CADMUS, *d'*HERMIONE, *& du* GEANT.

JUPITER, Monsieur Flamand.

JUNON, Mademoiselle Dun.

C

ACTEURS DE LA TRAGEDIE.

PALLAS,	Mademoiselle Loignon.
L'AMOUR,	Mademoiselle Linbour.
MARS,	Monsieur Morand.
L'HYMEN,	Monsieur Lebel.
UN GRAND SACRIFICATEUR de MARS,	Monsieur Hardoüin.

ECHION, *un des Combattants des Enfants de la Terre*, Monsieur Mantienne.

La Scene est dans la Contrée de la Grece, qui étoit appellée Aonie, *& que* CADMUS *nomma* Bœotie.

DIVERTISSEMENT DE LA TRAGEDIE.

PREMIER ACTE.
AMERIQUAINS.

Monsieur Blondy,

Messieurs Germain, Dumoulin-L., F-Dumoulin, P-Dumoulin, D-Dumoulin, & Dangeville.

AFRIQUAINES.

Mesdemoiselles Chaillou, Lemaire, Maugis, Dimanche, Mangot, & Beaufort.

DEUXIÉME ACTE.
STATUES.

Monsieur Dangeville.

Messieurs Ferand, Marcel, Javilier, Gaudrau, Favier, Pieret, Dumirail, Ramau, Duval, & la Plante.

TROISIÉME ACTE.
SACRIFICE DE MARS.
SACRIFICATEURS.

Messieurs Ferand, Marcel, P-Dumoulin, & Dangeville.

GUERRIERS.

Messieurs Javillier, Gaudrau, Pieret, & Favier.

QUATRIÉME ACTE.

COMBATTANTS.

Messieurs Ferand, Blondy, F-Dumoulin, P-Dumoulin, Javillier, Gaudrau, Favier, Dumirail, Pieret, Dangeville, Ramau, & la Plante.

CINQUIÉME ACTE.

COMUS.

Monsieur D-Dumoulin.

SUITE DE COMUS.

Messieurs Germain, Dumoulin-L., Ferand, & Marcel

Mademoiselle Prevôt.

Mesdemoiselles Chaillou, Lemaire, Dufresne, & Isec.

BERGERS.

Messieurs F-Dumoulin, & P-Dumoulin.

BERGERES.

Mesdemoiselles Menés, & Maugis.

CADMUS
ET
HERMIONE,
TRAGEDIE.

ACTE PREMIER.
Le Theatre change, & représente un Jardin.

SCENE PREMIERE.
CADMUS, DEUX PRINCES TIRIENS, UN PAGE.

PREMIER PRINCE TIRIEN.

QUOY, *Cadmus*, fils d'un Roy qui tient sous
  sa puissance
Les bords feconds du Nil & les Climats brulez ;
Cadmus, aprés deux ans loin de Tir écoulez,
Etranger chez les Grecs, n'a point d'impatience
De revoir un Pays dont il est l'esperance,
Et laisse sans regret tant de cœurs desolez ?

CADMUS,
LES DEUX PRINCES TIRIENS.

Nous suivons vos destins par tout sans resistance;
Faudra-t'il que toûjours nous soyons exilez?

CADMUS.

J'aimerois à revoir les lieux de ma naissance;
Mais, avant que je puisse en goûter la douceur,
J'ay juré d'achever une juste vangeance.

PREMIER PRINCE TIRIEN.

Et cependant, Seigneur,
Vous laissez en ces lieux languir vôtre grand cœur?

CADMUS.

Aprés avoir erré sur la Terre & sur l'Onde,
Sans trouver Europe ma sœur;
Aprés avoir en vain cherché son Ravisseur,
Le Ciel termine icy ma course vagabonde;
Et c'est pour obeïr aux Oracles des Dieux
Qu'il faut m'arrêter en ces lieux.

PREMIER PRINCE.

Si vous trouvez des Dieux dont l'ordre vous engage
A choisir ce séjour;
Le Dieu que vôtre cœur consulte davantage
Est peut-estre l'Amour.

SECOND PRINCE.

Seroit-il bien possible
Qu'un Heros invincible
Eût un cœur qu'Amour sçût charmer?

TRAGEDIE.
CADMUS.

Quel cœur n'est pas fait pour aimer ?
Et pour être un Heros, doit-on être insensible ?
Que sert contre Hermione un courage indompté ?
 Qui peut n'en pas être enchanté ?
  Le Dieu Mars est son Pere,
  Elle en a la noble fierté ;
 La Mere d'Amour est sa Mere,
  Elle en a la beauté.

PREMIER PRINCE.

A quoy sert un amour qui n'a point d'esperance ?
 Hermione est sous la puissance
 D'un Tyran qui regne en ces lieux.

CADMUS.

C'est un affreux Geant, c'est un Monstre odieux.

SECOND PRINCE.

Il est du sang de Mars, ce Dieu le favorise,
Et c'est enfin à luy qu'Hermione est promise :
Nul autre des Mortels n'en doit être l'Epoux ;
Et si vous en tentez la fatale entreprise,
La Terre avec le Ciel s'armera contre vous.

CADMUS.

Hé bien je periray, si le Destin l'ordonne,
 Je veux délivrer Hermione,
 Et si je l'entreprends en vain,
Je ne sçaurois perir pour un plus beau dessein

SCENE SECONDE.

CADMUS, ARBAS, LES DEUX PRINCES,
LE PAGE.

CADMUS.

Où sont nos Afriquains ? que leur troupe s'avance,
La Princesse veut voir leur plus galante danse.
D'où vient qu'aucun d'eux ne paroît ?

ARBAS.

Vos ordres sont suivis, Seigneur, & tout est prest.
Mais, le Tyran s'est mis en teste
Qu'il faut que ses Geants dansent dans cette Fête.

CADMUS.

Comment faire mouvoir ces Colosses affreux ?

ARBAS.

Quand on luy dit, Comment ? il répond, Je le veux.
Ces grands Hommes pleins de chimeres
Sont d'un raisonnement fâcheux ;
Et fiers d'être au dessus des Hommes ordinaires,
Pensent que la raison doit être au dessous d'eux ;
Je n'ay pû garder de mesures,
J'ay pesté contre luy, j'ay vomi mille injures,
Je l'ay nommé Tyran cent fois.

CADMUS.

On doit toûjours respect aux Rois.

ARBAS.

TRAGEDIE.
ARBAS.

Eût-il dû m'étrangler, je n'aurois pû me taire :
> J'étois trop en colere ;
> Si je n'avois rien dit,
> J'aurois étouffé de dépit.

CADMUS.

Contentons le Geant, il est icy le maître ;
Hermione est soumise à son cruel pouvoir :
Ce divertissement, tel enfin qu'il puisse être,
Me vaudra quelque temps le plaisir de la voir.
S'il ne m'est pas permis de luy parler moy-même,
> Et d'oser dire que je l'aime ;
Du moins nos Afriquains, par leurs chants les plus doux,
Pourront l'entretenir de mon amour extrême,
> En dépit d'un Rival jaloux.

> Préparons tout en diligence,
> Hâtons-nous, la Princesse avance.

ARBAS.

Allons,

CADMUS.

> Toy, ne suy point mes pas.
Je vais voir le Geant, il faut que tu l'évites.

ARBAS.

Non, non, nous n'aurons point de bruit, ni d'embaras,
> Pour les injures que j'ay dites :
> Je les disois si bas,
> Qu'il ne m'entendoit pas.

D

SCENE TROISIÉME.
HERMIONE, CHARITE, AGLANTE, LA NOURRICE D'HERMIONE, UN PAGE.

HERMIONE.

Cet aimable séjour
Si paisible & si sombre,
Offre du silence & de l'ombre
A qui veut éviter le bruit, & le grand jour;
Ah ! que n'est-il aussi facile
De trouver un azile,
Pour éviter l'Amour.

L'impitoyable tirannie,
Dont je suy les barbares loix,
Ne défend pas d'aimer le chant & l'harmonie :
Vous qui me faites compagnie,
Répondez à ma voix.

AGLANTE.

On a beau fuir l'Amour, on ne peut l'éviter,
On n'oppose à ses traits qu'une défense vaine :
On s'épargne bien de la peine,
Quand on se rend sans resister.

CHARITE.

La peine d'aimer est charmante,
Il n'est point de cœur qui s'exemte
De payer ce tribut fatal.
Si l'Amour épouvante,
Il fait plus de peur que de mal.

TRAGEDIE.
LA NOURRICE.
Quel choix est en vôtre puissance ?
Songez à quel Epoux le Ciel vous veut unir.
HERMIONE.
Je frémis quand j'y pense :
Pourquoy m'en fais-tu souvenir ?
LA NOURRICE.
Vous êtes sans espoir du côté de la terre :
Le Roy qui vous retient dans ce charmant séjour,
A pour luy le Dieu de la guerre ;
Il a rassemblé dans sa Cour
Les restes des Geants échapez du tonnerre.
Gardez-vous pour Cadmus d'un malheureux amour,
Le don de vôtre cœur luy coûteroit le jour.
HERMIONE.
Ah ! quelle cruauté de vouloir me contraindre
A ce choix odieux, que je ne puis souffrir !
LA NOURRICE.
Tout le monde vous trouve à plaindre,
Personne cependant n'ose vous secourir.
AGLANTE.
Voicy les Afriquains ; mais les Geants les suivent.
HERMIONE.
Quoi ! par tout des Geants ? quoi ! toûjours nous troubler ?
CHARITE.
C'est d'ordinaire ainsi que les plaisirs arrivent :
Quelque chagrin fâcheux s'y vient toûjours mêler.

D ij

SCENE QUATRIÉME.

HERMIONE, CHARITE, AGLANTE, LA NOURRICE, CADMUS, DEUX PRINCES TIRIENS,

AFRIQUAINS dansants & joüants de la Guitarre,

Deux autres AFRIQUAINS chantants,

ARBAS, LE GEANT,
Quatre autres GEANTS, trois PAGES.

Un des AFRIQUAINS plante un grand Palmier au milieu du Théatre; cet arbre est orné de plusieurs Festons & Guirlandes. Les quatre GEANTS se mêlent avec les AFRIQUAINS, & forment ensemble une danse mêlée de chansons.

ARBAS chante avec deux AFRIQUAINS.

Suivons, suivons l'Amour, laissons-nous enflâmer,
Ah! ah! ah! qu'il est doux d'aimer!

PREMIER AFRIQUAIN.

Quand l'Amour nous l'ordonne,
Souffrons ses rigueurs,
Cherissons ses langueurs;
Il n'exempte personne
De ses traits vainqueurs;
Quel peril nous étonne?
Laissons trembler les foibles cœurs.

TRAGEDIE.

ARBAS, & les deux AFRIQUAINS.

Suivons, suivons l'Amour, laissons-nous enflâmer,
Ah! ah! ah! qu'il est doux d'aimer!

SECOND AFRIQUAIN.

Deux Amants peuvent feindre
Quand ils sont d'accord;
Plus l'Amour trouve à craindre,
Plus il fait d'effort;
On a beau le contraindre,
Il en est plus fort.

ARBAS, & les deux AFRIQUAINS.

Suivons, suivons l'Amour, laissons-nous enflâmer,
Ah! ah! ah! qu'il est doux d'aimer!

TOUS TROIS.

On n'a rien de charmant
Aisement,
Et sans allarmes:
Mais tout plait en aimant,
Il n'est point de tourment
Qui n'ait des charmes:
Suivons, suivons l'Amour, laissons-nous enflâmer,
Ah! ah! ah! qu'il est doux d'aimer!

Aprés l'Entrée, HERMIONE se leve de la place où elle étoit assise prés du GEANT qui la suit, & l'arreste dans le temps qu'elle se veut retirer.

CADMUS,

LE GEANT.

Il est temps de finir ma peine
Aprés tant d'injustes refus.
Où voulez-vous aller, vous fuyez, Inhumaine?

HERMIONE.

J'étois pour voir icy une danse Afriquaine:
Les Afriquains ne dansent plus.

LE GEANT.

Rien ne doit plus m'être contraire:
Mars est pour moy, c'est vôtre Pere,
C'est luy qui veut unir vôtre cœur & le mien.

HERMIONE.

Je suis Sœur de l'Amour, & Venus est ma Mere,
S'ils ne sont pas pour vous, les comptez-vous pour rien.

LE GEANT.

Il faut que vôtre destinée
Suive l'ordre du Dieu dont vous tenez le jour:
Et toûjours l'Hymenée
Ne prend pas l'avis de l'Amour.
Vous craignez les raisons, dont je puis vous confondre?
Vous ne m'écoutez-pas? vous voulez m'éviter?

HERMIONE.

Quand on n'a rien à répondre,
A quoy sert d'écouter?

LE GEANT.

Je vous suivray par tout, malgré vôtre colere:
Sans cesse à vos regards je veux me présenter:
Et si ce n'est pas pour vous plaire,
Ce sera pour vous tourmenter.

SCENE CINQUIÉME.
CADMUS, DEUX PRINCES TIRIENS, UN PAGE.

CADMUS.

C'Est trop l'abandonner à ce cruel supplice :
  Il est temps d'eclater,
  Et d'oser tout tenter
  Contre tant d'injustice.

PREMIER PRINCE.

C'est exposer vos jours à d'horribles hazards,
Vous aurez à domter l'affreux Dragon de Mars.

SECOND PRINCE.

Il faut semer ses dents, & voir soudain la Terre,
En former des Soldats, pour vous faire la guerre.

LES DEUX PRINCES.

Voyez, à quels dangers vous allez vous offrir ?

CADMUS.

Je ne vois qu'Hermione, & je la vois souffrir :
  Tout cede à cette horreur extrême ;
  Il est moins affreux de mourir,
  Que de voir souffrir ce qu'on aime.

 Rien ne me peut épouvanter :
Malgré tant de périls, l'Amour veut que j'espere.

SCENE SIXIÈME.
JUNON, PALLAS, CADMUS, LES DEUX PRINCES.

JUNON sur son Char.

Où vas-tu, Témeraire ?
Où cour-tu te précipiter ?
C'est l'Epouse & la Sœur du Maître du tonnerre,
La Mere du Dieu de la guerre,
C'est Junon qui vient t'arrêter.

PALLAS sur son Char.

Va, Cadmus, que rien ne t'étonne,
Va, ne crain ni Junon, ni le Dieu des combats :
Ose secourir Hermione.
Tu vois dans ton party la Guerriere Pallas,
Cour aux plus grands dangers, je vais suivre tes pas,
C'est Jupiter qui me l'ordonne.

JUNON.

Pallas pour les Amants se declare en ce jour,
Qui l'auroit jamais osé croire ?

PALLAS.

Qui peut être contre l'Amour,
Quand il s'accorde avec la Gloire ?

JUNON.

Evite un courroux dangereux.

PALLAS.

TRAGEDIE.
PALLAS.
Profite d'un avis fidele.
JUNON.
Fuis un trépas affreux.
PALLAS.
Cherche dans les perils une gloire immortelle.
CADMUS.
Entre deux Deïtez qui suspendent mes vœux,
Je n'ose resister à pas une des deux;
Mais je suy l'Amour qui m'apelle.
JUNON.
Je poursuivray tes jours.
PALLAS.
Je vole à ton secours.

JUNON & PALLAS sont enlevées sur leurs Chars.

FIN DU PREMIER ACTE.

E

ACTE SECOND.
Le Théatre change, & représente un Palais.

SCENE PREMIÉRE.
ARBAS, CHARITE.
ARBAS.

Harite, il est trop vray, Cadmus veut entreprendre
De remettre Hermione en pleine liberté.
Il l'a dit au Tyran, & je viens de l'entendre.
CHARITE.
Et que dit le Geant? n'est-il point irrité?
ARBAS.
Il rit de sa temerité.
Mon Maître doit voir la Princesse
Avant que d'attaquer le Dragon furieux
Qui veille pour garder ces lieux ;
Et l'amour qui pour toy me presse,
Veut que je vienne aussi te faire mes adieux.
En te voyant, belle Charite,
J'avois crû que l'amour fut un plaisir charmant ;
Mais lorsqu'il faut que je te quitte
J'éprouve qu'il n'est point un plus cruel tourment.

La douleur me saisit, je ne puis plus rien dire...
Quand je pleure & quand je soûpire,
Tu ris, & rien n'émeût ton cœur indifferent?

CHARITE.
Tu fais la grimace en pleurant,
Je ne puis m'empêcher de rire.

ARBAS.
La pitié, tout au moins, devroit bien t'engager
A prendre quelque part à mes ennuis extrêmes.

CHARITE.
S'il est bien vray que tu m'aimes,
Pourquoy veux-tu m'affliger?

ARBAS.
Pour soulager mon cœur du chagrin qui le presse,
Te couteroit-il tant de t'affliger un peu?

CHARITE.
C'est un poison que la tristesse,
L'amour n'est plus plaisant, dès qu'il n'est plus un jeu.

ARBAS.
On console un Amant des rigueurs de l'absence,
Par de tendres adieux.

CHARITE.
Quand il faut se quitter, un peu d'indifference
Console encore mieux.

ARBAS.
Tu me l'avois bien dit, qu'il étoit impossible
Que ton barbare cœur perdit sa dureté.

CHARITE.
Au moins, si tu te plains de me voir insensible,
Tu dois être content de ma sincerité.

CADMUS,
Puisqu'enfin pour te satisfaire,
Je ne puis pleurer avec toy ;
Si tu voulois me plaire,
Tu rirois avec moy.
ARBAS.
C'est trop railler de mon martire,
Le dépit m'en doit délivrer.
N'est-on pas bien fou de pleurer
Pour qui n'en fait que rire ?
CHARITE.
Gueri-toy, si tu peux
J'approuve ta colere ;
Quand on desespere
Un cœur amoureux,
C'est par un dépit heureux
Qu'il doit se tirer d'affaire.
ENSEMBLE.
Quand on desespere
Un cœur amoureux,
C'est par un dépit heureux
Qu'il doit se tirer d'affaire.
ARBAS.
Mais, la Nourrice vient, il me faut éloigner.
CHARITE.
Tu sçais que tu luy plais, la veux-tu dédaigner ?
C'est une conqueste assez belle.
ARBAS.
Si je luy plais, tant pis pour elle.

SCENE DEUXIÉME.
LA NOURRICE, ARBAS, CHARITE.
LA NOURRICE.

Quoy! dès que je parois, tu fuis au même instant ?
Lorsqu'on a des amis, est-ce ainsi qu'on les quitte ?

ARBAS.

Le temps presse, & Cadmus m'attend.

LA NOURRICE.

Quand tu parlois seul à Charite,
Le temps ne te pressoit pas tant :
Quelle charme a-t'elle qui t'attire ?
Qu'ay-je qui te fait en aller ?

ARBAS.

J'avois à luy parler,
Je n'ay rien à te dire.
Je dois suivre Cadmus, nous partons de ce lieu.

LA NOURRICE.

Me dire adieu, du moins, est une bien-seance,
Dont rien ne te dispense.

ARBAS.

Je te dis donc, adieu.

SCENE TROISIÉME.

LA NOURRICE, CHARITE.

LA NOURRICE.

IL me quitte, l'Ingrat, il me fuit, l'Infidelle !
Ne crain pas que je te rappelle ;
Va, cour, je te laisse partir :
Va, je n'ay plus pour toy qu'une haine mortelle :
Puisse-tu rencontrer la mort la plus cruelle !
Puisse le Dragon t'engloutir !

CHARITE.

Croy-moy, modere
L'éclat de ta colere ;
Un dépit qui fait tant de bruit,
Fait trop d'honneur à qui nous fuit.

LA NOURRICE.

Ah ! vraiment je vous trouve bonne !
Est-ce à vous, petite Mignonne,
De reprendre ce que je dis ?

Attendez l'âge
Où l'on est sage,
Pour donner des avis.

CHARITE.

Je suis jeune, je le confesse,
Trouve-tu ce défaut si digne de mépris ?
N'a t'on point de bon sens, qu'en perdant la jeunesse ?
Il seroit bien cher à ce prix.

TRAGEDIE.
LA NOURRICE.
Le temps doit meurir les esprits,
Et c'est le fruit de la vieillesse.
CHARITE.
Il n'est pas seur que la sagesse,
Suive toûjours les cheveux gris.
LA NOURRICE.
Je souffre peu que l'on me blesse;
Par des discours picquants,
Preten-tu m'insulter sans cesse.
CHARITE.
Je respect trop tes vieux ans.
Mais Cadmus, & la Princesse
Viennent dans ces lieux;
Ne troublons pas leurs adieux.

SCENE QUATRIÉME.
CADMUS, HERMIONE.
CADMUS.
Je vais partir, belle Hermione,
Je vais executer ce que l'Amour m'ordonne;
Malgré le péril qui m'attend,
Je veux vous délivrer, ou me perdre moy-méme;
Je vous voy, je vous dis enfin que je vous aime,
C'est assez pour mourir content.

HERMIONE.

Ah! Cadmus, pourquoy m'aimez-vous ?
Pourquoy vouloir chercher une mort trop certaine ?
Et que peut la valeur humaine
Contre le Dieu Mars en courroux ?
Voyez en quels perils vôtre amour nous entraine ?
J'aurois mieux aimé vôtre haine :
Ah! Cadmus, pourquoy m'aimez-vous ?

CADMUS.

Vous m'aimez, il suffit, ne soyez point en peine ;
Mon destin, tel qui soit, ne peut être que doux.

HERMIONE.

Vivons pour nous aimer, & cessez de poursuivre
Le funeste dessein que vous avez formé :
Il doit être bien doux de vivre,
Lorsqu'on aime, & qu'on est aimé.

CADMUS

Sous une injuste loy, je vous vois asservie ;
Serois-ce vous aimer, que le pouvoir souffrir ?
Lorsque pour ce qu'on aime on s'expose à perir,
La plus affreuse mort a dequoy faire envie.

HERMIONE.

Mais, vous ne songez pas qu'il y va de ma vie :
Faut-il que pour mes jours vous soyez sans effroy ?
Je vivray sous l'injuste loy
Où mon cruel destin me livre :
Mais, si vous perissez pour moy,
Je ne pourray pas vous survivre.

CADMUS.

CADMUS.
J'ay besoin de secours, voulez-vous m'accabler ?
Ah ! Princesse, est-il temps de me faire trembler ?

HERMIONE.
Soyez sensible à mes allarmes.

CADMUS.
Je ne sens que trop vos douleurs.

HERMIONE.
Partirez-vous malgré mes pleurs ?

CADMUS.
Il faut aller tarir la source de vos larmes.

HERMIONE.
Quoy ! vous m'allez quitter ?

CADMUS.
Je vais vous secourir.

HERMIONE.
Ah ! vous allez périr !
Vous cherchez une mort horrible ;
Mon amour me dit trop que vous perdrez le jour.

CADMUS.
L'amour que j'ay pour vous ne croit rien d'impossible :
Il me flate, en partant, d'un bienheureux retour.

ENSEMBLE.
Croyez-en mon amour.

HERMIONE.
Vous n'écoutez point ma tendresse ;
Rien ne vous retient ?

CADMUS.
    Le temps presse.

CADMUS,

ENSEMBLE.
Au nom des plus beaux nœuds que l'amour ait formez,
Vivez, si vous m'aimez.

CADMUS.
Esperons.

HERMIONE.
Tout me desespere.
Que je me veux de mal d'avoir trop sçû vous plaire!

ENSEMBLE.
Qu'un tendre amour coûte d'ennuis!

HERMIONE.
Vous fuyez?

CADMUS.
Il le faut.

HERMIONE.
Demeurez.

CADMUS.
Je ne puis.
Je m'affoiblis plus je differe;
Il faut m'arracher de ce lieu.

HERMIONE.
Ah! Cadmus!

CADMUS.
Hermione!

ENSEMBLE.
Adieu.

TRAGEDIE.

SCENE CINQUIÉME.
HERMIONE.

Amour, voy quels maux tu nous fais,
Où sont les biens que tu promets?
N'as-tu point pitié de nos peines?
Tes rigueurs les plus inhumaines
Seront-elles toûjours pour les plus tendres cœurs?
Pour qui, cruel Amour, garde-tu tes douceurs?

SCENE SIXIÉME.
L'AMOUR, HERMIONE.

L'AMOUR sur un nuage.

Calme tes déplaisirs, dissipe tes allarmes,
  L'Amour vient essuyer tes larmes,
Il n'abandonne pas ceux qui suivent ses loix.
  Souvien-toy que tout m'est possible.
Que rien à mon abord ne demeure insensible;
Que pour la divertir tout s'anime à ma voix.

Des Statuës d'or sont animées par l'AMOUR, & sautent de leurs pieds-d'estaux pour danser.
L'AMOUR descend & vient chanter au milieu des Statuës animées.

L'AMOUR.

Cessez de vous plaindre
De souffrir en aimant;
Amants, vous devez ne rien craindre,
Si vous souffrez, vôtre prix est charmant.

F ij

CADMUS,

Aprés des rigueurs inhumaines
On aime sans peines,
On rit des Jaloux;
Un bien plein de charmes,
Qui coûte des larmes,
En devient plus doux.

Tout doit rendre hommage
A l'Empire amoureux;
Il faut tôt ou tard qu'on s'engage:
Sans rien aimer, on ne peut être heureux.

Aprés des rigueurs inhumaines, &c.

L'AMOUR reprend sa place sur le nuage, qui l'a apporté, les Statuës se remettent sur les pieds-d'estaux, tandis que dix petits Amours d'or, qui tiennent des corbeilles pleines de fleurs, sont à leur tour animez par l'AMOUR, & viennent par son ordre jetter des fleurs en volant autour d'HERMIONE.

L'AMOUR.

Amours, venez semer mille fleurs sous ses pas.

HERMIONE.

Laissez-moy ma douleur, j'y trouve des appas.
Dans l'horreur d'un péril extrême,
Est-ce là le secours que l'on me doit offrir?
Peut-être ce que j'aime
Est tout prest de périr.

L'AMOUR s'envole au milieu des dix Amours.

Je vais le secourir.

FIN DU SECOND ACTE.

ACTE TROISIÉME.

Le Théatre change, & représente un Desert, & une Grote.

SCENE PREMIERE.
LES DEUX PRINCES TIRIENS, ARBAS, DEUX AFRIQUAINS.

PREMIER PRINCE TIRIEN.

TU détournes bien tes regards?
SECOND PRINCE TIRIEN.
As-tu peur du Dragon de Mars?
ARBAS.
La défience est necessaire,
Il est bon de prévoir un fâcheux accident ;
On ne doit point marcher icy en téméraire.
PREMIER PRINCE.
C'est tres-bien fait d'être prudent.
ARBAS.
Je suis hardy, quand il faut l'être ;
Si quelqu'un en doutoit, il pourroit le connoître.

CADMUS.

SECOND PRINCE.
Qui voudroit s'attaquer à toy?
PREMIER PRINCE.
On te croit vaillant sur ta foy;
Mais la couleur de ton visage
  Répond mal à ta valeur.
ARBAS.
  Est-ce par la couleur
Que l'on doit juger du courage?
SECOND PRINCE.
Que tes sens paroissent troublez?
Tu trembles.
      ARBAS.
      C'est qu'il vous le semble:
Chacun croit que l'on luy ressemble.
C'est peut-être vous qui tremblez?
Que maudit soit l'amour funeste
Qui nous fait tant souffrir, dans ce malheureux jour?
  On se soulage quand on peste,
Et l'on ne sçauroit trop pester contre l'Amour.
LES DEUX PRINCES, & ARBAS.
Gardons-nous bien d'avoir envie
  D'être jamais amoureux:
  De tous les maux de la vie,
  L'amour est le plus dangereux.
PREMIER PRINCE.
Cadmus veut essayer de rendre Mars propice,
C'est icy qu'il prétend offrir un Sacrifice.
SECOND PRINCE.
Pour des soins differents il faut nous séparer.
LES PRINCES.
  Allons tout préparer.

SCENE DEUXIÉME.

ARBAS, DEUX AFRIQUAINS.

ARBAS.

ACquittons-nous des soins où *Cadmus* nous engage.
    Quel bruit ! non, ce n'est rien, courage, Amis, courage.
Qu'on a peine à donner du courage en tremblant ?
Il ne tient pas à moy que je ne sois vaillant,
    Je tâche au moins de le paroître ;
Je ne suis pas le seul qui se pique de l'être,
    Et qui n'en fait que le semblant.

Il faut puiser de l'eau pour la cérémonie ;
Avancez, je vous suy. Quel Dragon furieux !

LES DEUX AFRIQUAINS.

    O Dieux ! ô Dieux !

Dans le temps que les deux AFRIQUAINS *veulent puiser de l'eau, le* DRAGON *s'élance sur eux, & les entraîne.*

ARBAS.

    Ah ! c'est fait de ma vie !
  N'est-il point d'arbres, ou de rocher,
  Qui s'entrouve pour me cacher.

SCENE TROISIÈME.

CADMUS, ARBAS.

CADMUS.

Où vas-tu?

ARBAS.

Le Dragon....

CADMUS.

Hé bien?

ARBAS.

Ah! mon cher Maître..

CADMUS.

Parle donc?

ARBAS.

Le Dragon....

CADMUS.

Où le vois-tu paroître?
Je regarde par tout, & je n'apperçois rien.

ARBAS.

Quoy! le Dragon nous fuit? mais regardez-vous bien?

CADMUS.

Où sont tes Compagnons, qui t'oblige à te taire?
Tu parois interdit d'effroy;

ARBAS.

Seigneur, vous jugez mal de moy,
Si je suis interdit, ce n'est que de colere.
Mes pauvres Compagnons! helas!
Le Dragon n'en a fait qu'un fort leger repas.

CADMUS.

TRAGEDIE.
CADMUS.

Allons, il faut que je les vange.

ARBAS.

Quelle hâte avez-vous que le Dragon vous mange?
Laissez-le se cacher.... Ah! le voilà qui sort.
Au secours! au secours! je suis mort! je suis mort!

O Ciel! où sera mon azile?
La frayeur me rend immobile;
Je ne sçaurois plus faire un pas:
Ah! cachons-nous, ne soufflons pas.

ARBAS se cache, & CADMUS combat contre le DRAGON.

CADMUS, aprés avoir tué le DRAGON.

Il ne faut plus que je differe
D'engager le Dieu Mars à calmer sa colere.
Si je puis l'adoucir, rien ne me peut troubler.
Mes gens sont écartez, il faut les rassembler.

G

SCENE QUATRIÉME.

ARBAS sortant de l'endroit où il étoit caché.

LE Dragon assouvi de sang & de carnage,
S'est enfin retiré dans quelqu'antre sauvage:
Tout est calme en ces lieux, & je n'entens plus rien.
　　Je sens revenir mon courage,
　　Et je crois que je fuiray bien.
Allons conter par tout le trépas de mon Maître.
　　Que je plains son funeste sort!
　　Allons, mais que vois-je paroître!
Le Dragon étendu! ne fait-il point le mort?
Non, je le vois percé, son sang coule, ah! le traître!
Je ne puis contre luy retenir mon courroux,
Et je veux luy donner au moins les derniers coups.

ARBAS met l'épée à la main, & va percer le DRAGON, qui fait encore quelque mouvement, ce qui oblige ARBAS à retourner sur le devant du Théatre.

TRAGEDIE.

SCENE CINQUIÉME.
LES DEUX PRINCES TIRIENS, ARBAS.

PREMIER PRINCE.
Quoy! l'épée à la main! que faut-il entreprendre?

SECOND PRINCE.
De quel péril es-tu pressé?

LES DEUX PRINCES.
Nous aurons soin de te défendre.

ARBAS.
Vous venez un peu tard : le péril est passé.

LES DEUX PRINCES.
Que voyons-nous! qui l'eut pû croire?
Quoy le Dragon est abbatu!

ARBAS.
Nous en avons sans vous remporté la victoire.

PREMIER PRINCE.
As tu suivi Cadmus?

SECOND PRINCE.
                    As-tu part à sa gloire?

ARBAS.
Eh, nous n'étions pas loin, quand il a combatu.

CADMUS.

LES DEUX PRINCES.

Conte-nous ce combat.

ARBAS.

J'en suis si hors d'haleine,
Que je ne puis encore m'exprimer qu'avec peine.
Il est bon d'essuyer ce fer ensanglanté,
De crainte qu'il ne soit gâté.

LES DEUX PRINCES.

Ah! quel chagrin pour nous de manquer l'avantage
De signaler nôtre courage!

ARBAS.

Tous ces chagrins, & ces regrets
Sont des soins qui ne coûtent guere:
Quand on ne voit plus rien à faire;
On fait le brave à peu de frais.

PREMIER PRINCE.

On prend peu garde à toy; Cadmus nous rend justice:
Mais il vient; rangeons-nous, pour voir le sacrifice.

SCENE SIXIÉME.
CADMUS, DEUX PRINCES TIRIENS,
ARBAS, LE GRAND SACRIFICATEUR.

Seize SACRIFICATEURS chantants

Un TIMBALLIER, six SACRIFICATEURS dansants.

Deux SACRIFICATEURS portent un Trophée d'Armes
qui couvre le GRAND SACRIFICATEUR
en marchant, jusqu'au milieu du Théatre.

LE GRAND SACRIFICATEUR.

O Mars ! ô Toy qui peux
Déchaîner, quand tu veux,
Les fureurs de la guerre ;
O Mars, reçoi nos vœux.

LE CHOEUR DES SACRIFICATEURS.

O Mars, reçoi nos vœux.

LE GRAND SACRIFICATEUR.

Ton funeste couroux n'est pas moins dangereux
Que l'éclat fatal du tonnerre :
O Mars, reçoi nos vœux.

LE CHOEUR.

O Mars, reçoi nos vœux.

LE GRAND SACRIFICATEUR.

Les combats sanglants sont tes jeux?
Tu sçais, quand il te plaît, remplir toute la terre
De ravages affreux.
O Mars, reçoi nos vœux.

LE CHOEUR.

O Mars, reçoi nos vœux.

Les SACRIFICATEURS chantants demeurent prosternez, & les SACRIFICATEURS dansants font cependant une Entrée au son des Timbales & au bruit des armes, après quoy les SACRIFICATEURS chantants se relevent.

LE GRAND SACRIFICATEUR.

Mars redoutable!
Mars indomtable!
O Mars! ô Mars! ô Mars!

LE CHOEUR.

Mars redoutable!
Mars indomtable!
O Mars! ô Mars! ô Mars!

LE GRAND SACRIFICATEUR.

O Mars impitoyable!
Est-il irrevocable
Que ta haine implacable
Accable
Une ame inébranlable,
Au milieu des hasards?

TRAGEDIE.
LE CHOEUR.

O Mars! ô Mars! ô Mars!
Mars redoutable!
Mars indomtable!
O Mars! ô Mars! ô Mars!

LE GRAND SACRIFICATEUR.

Que le tumulte des allarmes,
Que le bruit, que le choc, que le fracas des armes
Retentissent de toutes parts.

LE CHOEUR.

O Mars! ô Mars! ô Mars!
Mars redoutable!
Mars indomtable!
O Mars! ô Mars! ô Mars!

LE GRAND SACRIFICATEUR.

Qu'on fasse approcher la Victime :
Puisse-t'elle calmer le couroux qui t'anime,
Et n'attirer sur nous que tes plus doux regards?

LE CHOEUR.

O Mars! ô Mars! ô Mars!
Mars redoutable!
Mars indomtable!
O Mars! ô Mars! ô Mars!

SCENE SEPTIÉME.

MARS paroît sur son Char, & interrompt les SACRIFICATEURS.

MARS.

C'Est vainement que l'on espere
Que d'inutiles vœux appaisent ma colere;
Je ne révoque point mes loix.
Si Cadmus veut me satisfaire,
Qu'il acheve, s'il peut, de mériter mon choix.
Un vain respect ne peut me plaire,
On ne satisfait Mars, que par de grands exploits.

Vous, que l'Enfer a nourries,
Venez, cruelles Furies,
Venez, brisez l'Autel en cent morceaux épars.

LE CHOEUR.

O Mars! ô Mars! ô Mars!

Quatre FURIES descendent qui brisent l'Autel, & s'envolent ensuite, tenant chacune un tison du Sacrifice à la main Le Char de MARS tourne dans le même-temps, & l'emporte au fond du Théatre, où on le perd de vûë, & tous les SACRIFICATEURS, & les Assistants se retirent, en criant, O MARS!

FIN DU TROISIE'ME ACTE.

ACTE IV.

ACTE QUATRIEME.
Le Théatre change, & représente le Champ de MARS.

SCENE PREMIERE.
CADMUS, ARBAS.

CADMUS.

Voicy le Champ de Mars, il faut que sans remise
J'acheve icy mon entreprise;
J'ay les dents du Dragon, & je vais les semer.

ARBAS.
Ce sont des ennemis que vous verrez former:
 Tant de Soldats armez vont naître,
Que vous serez d'abord accablé de leurs coups;
 Et vous ne songez pas, peut-être,
Que vous n'avez icy que moy seul avec vous.

CADMUS.
 Je ne veux exposer personne,
 Au péril où je m'abandonne;

H

CADMUS,

Je dois combattre seul, & ne retiens que toy:
Tu connois mon amour, je suis sûr de ta foy,
Je veux bien que tu sois le dernier qui me quitte.

ARBAS.

Seigneur, vous m'honorez plus que je ne merite.

CADMUS.

 Si je ne fais qu'un vain effort,
 Accomply ce que je t'ordonne:
 Si-tôt que tu sçauras ma mort,
 Hâte-toy de voir Hermione;
Va, porte-luy mes derniers vœux,
Qu'elle vive; il suffit de plaindre un malheureux,
Qu'elle ait soin de garder le souvenir fidele
  D'une flâme si belle;
  C'est l'unique prix que je veux
  De ce que j'auray fait pour elle.

Je ne prétends plus t'arrester.
 Laisse-moy.

ARBAS.

    Faut-il vous quitter?

CADMUS.

Je le veux, obey.

ARBAS.

    Ah! quelle violence,
Seigneur, exigez-vous de mon obeissance!

SCENE DEUXIÉME.

L'AMOUR, CADMUS.

L'AMOUR, sur un nuage brillant.

*Cadmus, reçoy le don que je viens t'apporter:
C'est l'ouvrage du Dieu qui forge le tonnerre;
Ne manque pas de le jetter
Au milieu des Soldats enfantez par la terre.*

*Il faut faire voir en ce jour
Ce que peut un grand cœur secondé par l'Amour.*

Acheve le dessein où mon ardeur t'engage.

CADMUS.

Je te vais obeïr sans tarder davantage.

ENSEMBLE.

*Il faut faire voir en ce jour
Ce que peut un grand cœur secondé par l'Amour.*

L'AMOUR s'envole, CADMUS seme les dents du DRAGON, & la terre produit des Soldats armez, qui se preparent d'abord à tourner leurs armes contre CADMUS, mais il jette au milieu d'eux une maniere de Grenade, que l'AMOUR luy a apportée. Elle se brise en plusieurs éclats, & inspire aux Combattants une fureur, qui les oblige à combattre les uns contre les autres, & à s'entrégorger eux-mêmes. Les derniers qui demeurent vivants, viennent apporter leurs armes aux pieds de CADMUS.

SCENE TROISIÉME.
CADMUS, LES COMBATTANTS NEZ DE LA TERRE.

ECHION, COMBATTANT.

*A*Rrêtons un transport funeste;
Pourquoy nous immoler en naissant dans ces lieux?
Reservons le sang qui nous reste,
Pour servir un Heros favorisé des Dieux.

CADMUS.

Allez, que dans ces murs chacun de vous s'empresse
De rendre hommage à la Princesse
Qui doit donner icy des ordres absolus;
Vos premiers respects luy sont dûs:
Je vous suivray de prés, c'est ma plus douce envie.

Les COMBATTANTS obeïssent à CADMUS, qui demeure pour chercher & pour rassembler les Tiriens.

Cherchons nos Tiriens, ils tremblent pour ma vie.
Allons les rassûrer, voyons de toutes parts.

TRAGEDIE.

SCENE QUATRIÉME.
LE GEANT, CADMUS.
LE GEANT.

Non, ce n'est pas assez d'avoir satisfait Mars :
Tu vois un ennemi qu'il faut encore abattre,
Au lieu de triompher, recommence à combattre.
CADMUS.
Combattons.
LE GEANT.
J'ay pitié du péril que tu cours :
Il m'est honteux de vaincre avec tant d'avantage ;
Va, fuy, & cede moy l'Objet de nos amours.
Tu n'auras plus de Dieux qui défendent tes jours.
CADMUS.
Les Dieux m'ont donné du courage,
Et c'est un assez grand secours.
LE GEANT.
Voyons s'il n'est rien qui t'étonne.

SCENE CINQUIÉME.
LE GEANT, TROIS AUTRES GEANTS, PALLAS, CADMUS.
LE GEANT.
Qu'on vienne à moy, qu'on l'environne.
Qu'on le perce de tous côtez.
PALLAS, assise sur un Hibou volant.
Cadmus, ferme les yeux. Perfides, arrêtez.

PALLAS découvre son bouclier, & le présente aux yeux des quatre GEANTS, qui demeurent immobiles, & deviennent en un instant quatre Statuës de pierre.

PALLAS.

Voy, Cadmus, voy quel supplice
A puni leur injustice.

CADMUS.

Que vois-je ! les Geants armez
Ne sont plus des corps animez !

PALLAS.

Je t'ay promis mon assistance,
Je vais te préparer un superbe Palais :
Je veux joindre aux douceurs d'un Hymen plein d'attraits,
L'éclat & la magnificence.
Goûte en paix un sort glorieux.
Va, n'écoute plus rien que l'amour qui t'anime ;
Hermione vient dans ces lieux.

CADMUS.

Par quel remerciment faut-il que je m'exprime ?

PALLAS s'envolant.

Proteger la vertu d'un Prince magnanime,
C'est le plus doux employ des Dieux.

TRAGEDIE.

SCENE SIXIÉME.
CADMUS, HERMIONE,
Suite d'HERMIONE, & de CADMUS.

CADMUS.
MA Princesse !

HERMIONE.
Cadmus !

CADMUS.
    Quel bonheur !

HERMIONE.
      Quelle gloire !

CADMUS.
Je vous vois libre enfin !

HERMIONE.
    Je vous revois vainqueur !

CADMUS.
Quelle favorable victoire !

HERMIONE.
Quelle a coûté cher à mon cœur !

CADMUS.
Que c'est un charmant avantage,
Que de pouvoir sauver d'un cruel esclavage
 La Beauté dont on est charmé !

HERMIONE.
 Que c'est un sort digne d'envie
Que de pouvoir tenir le bonheur de sa vie,
 De la main d'un Vainqueur aimé !

CADMUS,

ENSEMBLE.
Aprés des rigueurs inhumaines,
Le Ciel favorise nos vœux ;
Ah ! que le souvenir des peines
Est doux quand on devient heureux !

CADMUS.
Dieux ! je ne vois plus Hermione !
Quel nuage épais l'environne !

Un nuage s'éleve de la terre qui envelope HERMIONE.

SCENE SEPTIÉME.
JUNON, CADMUS, HERMIONE,
& leur Suite.

JUNON sur un Paon.
TU vois l'effet de mon courroux,
Il faut combattre encore Junon & sa puissance :
Le soin que prend pour toy mon infidele époux,
Attire sur tes feux l'éclat de ma vengeance.
Iris, détruy l'espoir de cet audacieux ;
Enleve sur ton Arc Hermione à ses yeux :
Execute à l'instant ce que Junon t'ordonne.

HERMIONE enlevée sur l'Ac-en-Ciel.
O Ciel !

TOUS.
O Ciel ! ô Ciel ! Hermione ! Hermione !

FIN DU QUATRIEME ACTE.   ACTE V.

ACTE CINQUIÉME.

Le Théatre change, & représente le Palais que PALLAS a préparé pour les Nôces de CADMUS & d'HERMIONE.

SCENE PREMIÉRE.
CADMUS.

Belle Hermione, helas ! puis-je être heureux sans vous ?
Que sert dans ce Palais la pompe qu'on prépare ?
Tout espoir est perdu pour nous :
Le bonheur d'un amour si fidelle & si rare,
Jusques entre les Dieux a trouvé des jaloux.
Belle Hermione, helas ! puis-je être heureux sans vous ?

Nous nous étions flattez que nôtre sort barbare
Avoit épuisé son courroux :
Quelle rigueur quand on sépare
Deux cœurs prêts d'être unis par des liens si doux ?
Belle Hermione, helas ! puis-je être heureux sans vous ?

SCENE DEUXIÉME.

PALLAS, CADMUS.

PALLAS sur un nuage.

TEs vœux vont être satisfaits;
Jupiter & Junon ont fini leur querelle,
L'Amour luy-même a fait leur paix.
Ton Hermione, enfin, descend dans ce Palais,
Les Dieux s'avancent avec elle;
Le Ciel veut que ce jour soit célébre à jamais.

SCENE TROISIÈME.
ET DERNIERE.

JUPITER, L'HYMEN, JUNON, VENUS, MARS, PALLAS, L'AMOUR, ARBAS, LA NOURRICE, CHARITE, & LES CHOEURS.

Les Cieux s'ouvrent, & tous les Dieux paroissent, & s'avancent pour accompagner HERMIONE ; elle descend sur un Trône à côté de l'HYMENE'E, qui donne sa place à CADMUS, & se met au milieu des deux Epoux.

JUPITER.

Que ce qui suit les loix du Maître du tonnerre,
Que les cieux & la terre
S'accordent pour combler vos vœux.

Aprés un sort si rigoureux,
Aprés tant de peines cruelles,
Amants fidelles,
Vivez heureux.

LES CHOEURS.

Aprés un sort si rigoureux,
Aprés tant de peines cruelles,
Amants fidelles,
Vivez heureux.

JUPITER.

Hymen, pren soin icy des danses, & des jeux.

LES CHOEURS.

Amants fidelles,
Vivez heureux.

L'HYMEN.

Venez, Dieu des Festins, aimables Jeux, venez:
Comblez de vos douceurs ces Epoux fortunez.

Tandis que tout le Ciel prépare
Les dons qu'il leur a destinez,
La Terre y doit mêler ce qu'elle a de plus rare.
Venez, Dieu des Festins, aimables Jeux, venez:
Comblez de vos douceurs ces Epoux fortunez.

COMUS dansant seul. Quatre Suivants de COMUS, Quatre Hamadriades sortent de la terre avec des corbeilles pleines de fruits. COMUS commence à danser seul.

ARBAS & LA NOURRICE.

Serons-nous dans le silence
Quand on rit, & quand on danse!
Les Chagrins ont eû leur temps,
Pour jamais le Ciel les chasse,
Les Plaisirs ont pris leur place;
Quand deux cœurs sont constants:
Ou tôt, ou tard ils sont contents.

TRAGEDIE.

Qu'il est doux quand on soupire,
De sortir d'un long martire:
Les Chagrins ont eû leur temps;
Pour jamais le Ciel les chasse,
Les Plaisirs ont pris leur place;
Quand deux cœurs sont constants,
Ou tôt, ou tard ils sont contents.

Des Amours font descendre du ciel, sous une espece de petit pavillon, les presents des Dieux, attachez à des chaînes galantes. Les Hamadriades, & les Suivants de COMUS les portent aux deux Epoux, & forment une danse où CHARITE mêle une chanson.

CHARITE.

Amants, aimez vos chaînes,
Vos soins & vos soûpirs;
L'Amour, suivant vos peines,
Mesure vos plaisirs.

Il cause des allarmes,
Il vend bien cher ses charmes;
Mais pour un si grand bien,
Tous les maux ne sont rien.

Sans une aimable flâme,
La vie est sans appas:
Qui peut toucher une ame
Qu'Amour ne touche pas?

Il cause des allarmes,
Il vend bien cher ses charmes;
Mais pour un si grand bien
Tous les maux ne sont rien.

CADMUS, TRAGEDIE.

Tous les Dieux du ciel & de la terre recommencent à chanter. Les Hamadriades, & les Suivants de Comus continuent à danser, & ce mêlange de chants & de danse forme une réjoüissance generale, qui acheve la fête des Nôces de CADMUS & d'HERMIONE.

TOUS LES CHOEURS.

Aprés un sort si rigoureux,
Aprés tant de peines cruelles,
Amants fidelles,
Vivez heureux.

FIN DU CINQUIEME & DERNIER ACTE.

PRIVILEGE GENERAL.

LOUIS PAR LA GRACE DE DIEU, ROY DE FRANCE ET DE NAVARRE: à nos amez & feaux Conseillers, les Gens tenant nos Cours de Parlement, Maîtres des Requêtes ordinaires de nôtre Hôtel, Grand Conseil, Prévôt de Paris, Baillifs, Sénéchaux, leurs Lieutenants Civils, & autres nos Justiciers qu'il appartiendra, SALUT: Le Sieur GUYENET, nôtre Conseiller-Tresorier-General-Receveur & Payeur des Rentes de l'Hôtel de nôtre bonne Ville de Paris, Nous a fait remontrer qu'ayant obtenu de Nous le Privilege de faire representer les OPERA durant le temps de dix années, à compter du premier Mars 1709. Il auroit depuis acquis les Privileges que Nous avions cy-devant accordez aux Sieurs de Francini, de Lully fils, & Ballard, pour l'impression desdits OPERA, lesquels il desireroit donner au Public, s'il Nous plaisoit luy accorder nos Lettres de Privilege sur ce necessaires. A CES CAUSES, desirant favorablement traiter l'Exposant, attendu les grandes dépenses qu'il convient faire, tant pour l'Impression que pour la Gravure en Taille-douce des Planches dont ce Livre sera orné. Nous luy avons permis & permettons par ces présentes de faire imprimer & graver les PAROLES, ET LA MUSIQUE DE TOUS LESDITS OPERA QUI ONT ETE', OU QUI SERONT REPRESENTEZ PAR L'ACADEMIE ROYALE DE MUSIQUE, tant separement, que conjointement, en telle forme, marge, caractere, nombre de Volumes, & de fois que bon luy semblera, & de les faire vendre & debiter par tout nôtre Royaume, pendant le temps de dix années consecutives, à compter du jour de la datte desdites présentes. FAISONS D'EFENSES à toutes personnes de quelque qualité & condition qu'elles puissent être, d'en introduire d'impression étrangere, dans aucun lieu de nôtre obeissance; Et à tous Imprimeurs, Libraires, Graveurs, & autres, d'imprimer, faire Imprimer, vendre, faire vendre, debiter, ny contrefaire lesdites Impressions, Planches & Figures, en tout ny en partie, sans la permission expresse & par écrit dudit Sieur Exposant, ou de ceux qui auront Droit de luy, à peine de confiscation des Exemplaires contrefaits, de six mil livres d'amende contre chacun des contrevenants, dont un tiers à Nous, un tiers à l'Hôtel-Dieu de Paris, l'autre tiers audit Sieur Exposant, & de tous dépens, dommages & interests: à la charge que ces présentes seront Enregistrées tout au long sur le Registre de la Communauté des Imprimeurs & Libraires de Paris, & ce dans trois mois de la datte d'icelles; Que la Gravure & Impression desdits Opera, sera faite dans nôtre Royaume, & non ailleurs, en bon Papier & en beaux Caracteres conformement aux Reglements de la Librairie; & qu'avant que de les exposer en vente, il en sera mis deux Exemplaires dans nôtre Bibliotheque publique, un dans celle de nôtre Château du Louvre, & un dans celle de nôtre tres-cher & feal Chevalier Chancellier de France le Sieur Phelypeaux, Comte de Pontchartrain, Commandeur de nos Ordres; le tout à peine de nullité des présentes: du contenu desquelles, vous mandons & enjoignons de faire joüir ledit Sieur Exposant, ou ses Ayants cause, pleinement & paisiblement, sans souffrir qu'il leur soit fait aucun trouble ou empêchement. VOULONS que la copie desdites présentes, qui sera imprimée, au commencement ou à la fin desdits Opera, soit tenuë pour dûement signifiée, & qu'aux copies collationnées par l'un de nos amez & feaux Conseillers & Secretaires, foy soit ajoutée comme à l'Original. COMMANDONS au premier nôtre Huissier ou Sergent, de faire pour l'exécution d'icelles, tous Actes requis & necessaires, sans demander autre permission, & nonobstant Clameur de Haro, Charte Normande, & Lettres à ce contraires: CAR tel est nôtre plaisir. DONNE' à Paris le vingt-deuxiéme jour de Juin, l'An de grace 1709. Et de nôtre Regne, le soixante-septiéme. Par le ROY, en son Conseil. Signé, LE COMTE, avec Paraphe, & scellé.

J'ay cedé à Monsieur *Ballard*, seul Imprimeur du Roy pour la Musique, le present Privilege, suivant le Traité fait avec luy le 19e. jour d'Avril 1709. A Paris ce 12. Juillet 1709. Signé, GUYENET.

Registré sur le Registre N. 2. *de la Communauté des Imprimeurs & Libraires de Paris, page* 461. No. 901 *& 902. conformement aux Reglements, & nottament à l'Arrest du Conseil du 13. Aoust 1703. A Paris le 12. Juillet 1709.* Signé L. SEVESTRE, Syndic.

www.ingramcontent.com/pod-product-compliance
Lightning Source LLC
LaVergne TN
LVHW021717080426
835510LV00010B/1019